KHALIL GIBRAN

O PROFETA

KHALIL GIBRAN

O PROFETA

EXCELSIOR
BOOK ONE

São Paulo
2023

The Prophet (1923)
Kahlil Gibran
Tradução © 2023 by Book One
Todos os direitos de tradução reservados e protegidos pela
Lei 9.610 de 19/02/1998. Nenhuma parte desta publicação, sem
autorização prévia por escrito da editora, poderá ser reproduzida ou
transmitida sejam quais forem os meios empregados: eletrônicos,
mecânicos, fotográficos, gravação ou quaisquer outros.

Editorial e arte	*Francine C. Silva*
Tradução	*Rafael Bisoffi*
Preparação	*Silvia Yumi FK*
Revisão	*Dida Bessana* *Tainá Fabrin*
Capa	*Renato Klisman*
Projeto gráfico e diagramação	*Bárbara Rodrigues*
Tipografia	*Adobe Caslon Pro*
Impressão	*e–ART.h Artes Gráficas*

Dados Internacionais de Catalogação na Publicação (CIP)
Angélica Ilacqua CRB-8/7057

G382p   Gibran, Kahlil
         O profeta / Kahlil Gibran ; tradução de Rafael Bisoffi. —
         São Paulo : Excelsior, 2023.
         112 p.

Bibliografia
ISBN 978-65-85849-12-8

Título original: *The Prophet*
1. Filosofia I. Título II. Bisoffi, Rafael

23-6051   CDD 100

Almustafa, o escolhido e bem-amado, que era como um alvorecer em seu dia, havia esperado ao longo de doze anos, na cidade de Orphalese, por sua embarcação, que o levaria de volta para sua ilha natal.

E no décimo segundo ano, no sétimo dia de Ielool, o mês da colheita, ele subiu a colina fora das muralhas da cidade e olhou em direção ao mar; e viu sua embarcação chegando com a névoa.

Então os portões de seu coração se escancararam, e sua alegria voou para longe, por sobre o mar. E ele fechou seus olhos e rezou no silêncio de sua alma.

Porém, enquanto descia da colina, uma tristeza abateu-se sobre ele, que pensou, em seu coração:

Como eu poderia partir em paz e sem pesar? Não, sem uma ferida no espírito, eu não poderia deixar esta cidade. Longos foram os dias de dor que passei dentro de suas muralhas, e longas foram as noites de solitude; e quem pode zarpar de sua dor e solidão sem arrependimento?

Incontáveis fragmentos do espírito eu espalhei por estas ruas, e incontáveis são os filhos de minha saudade, andando nus por estas colinas, e não posso abandoná-los sem um fardo e uma aflição.

Não é de um traje que me despirei neste dia, mas de uma pele que arranquei com as próprias mãos.

Nem é um pensamento que deixo para trás, mas um coração, tornado dócil pela fome e pela sede.

Ainda assim, não posso delongar-me mais.

O mar, que chama tudo para si, me chama, e devo embarcar.

Pois permanecer, ainda que as horas fervam à noite, seria congelar e cristalizar e ficar preso a uma forma.

Com prazer levaria comigo tudo que está aqui. Mas como eu poderia?

Uma voz não pode levar a língua e os lábios que lhe deram asas. Solitária, ela deve buscar o éter.

E solitária e sem seu ninho deve a águia voar contra o sol.

Então, quando alcançou o sopé da colina, voltou-se novamente em direção ao mar e viu sua embarcação aproximando-se do porto, e, sobre sua proa, os marujos, homens de sua própria terra.

E sua alma clamou a eles e disse:

Filhos de minha antiquíssima mãe, vós, cavaleiros das marés,

Com que frequência haveis navegado em meus sonhos! E agora vindes em meu despertar, que é meu mais profundo sonho.

Pronto estou a partir, e minha ânsia aguarda pelo vento com as velas todas soltas.

Apenas respirarei uma última vez este ar, apenas lançarei um último olhar amoroso para trás,

E então estarei entre vós, um navegante entre navegantes. E tu, vasto mar, mãe insone,

Que por ti só és paz e liberdade para o rio e para o riacho,

Apenas uma última curva este riacho fará, apenas um último murmúrio nesta clareira;

E então irei a ti, uma gota infinita em um oceano infinito.

E, enquanto ele caminhava, ele viu, de longe, homens e mulheres saindo de seus campos e de suas vinhas, correndo em direção aos portões da cidade.

E ele ouviu suas vozes chamando seu nome, e gritando de um campo ao outro, falando da chegada de sua embarcação.

E ele disse a si mesmo:

Acaso será o dia de partida um dia de reunião?

E acaso será dito que meu entardecer foi, na verdade, meu alvorecer?

E o que darei àquele que deixou seu arado em meio à aragem, ou àquele que parou a roda de sua espremedeira de uvas? Poderá meu coração se tornar uma árvore tão carregada de frutos que eu possa colher e dar a eles?

E poderão meus desejos fluir como uma fonte de tal modo que eu possa encher suas taças?

Acaso sou uma harpa que a mão do todo-poderoso possa tocar, ou uma flauta pela qual seu sopro possa passar?

Um caçador de silêncios eu sou, e que tesouro encontrei nos silêncios que eu possa distribuir com confiança?

Se este é o dia da minha colheita, em quais campos lancei as sementes, e em quais estações esquecidas?

O PROFETA

Se esta é, de fato, a hora em que ergo minha lanterna, não é minha chama que queimará dentro dela.

Vazia e escura devo erguer minha lanterna,

E o guardião da noite a encherá com óleo e também a acenderá.

Estas foram as coisas que ele disse com palavras. Mas muito restou não dito em seu coração. Pois nem ele mesmo podia pronunciar seu mais íntimo segredo.

E quando ele entrou na cidade, todas as pessoas vieram encontrá-lo, e clamavam a ele como se em uníssono.

E os anciãos da cidade puseram-se à frente e disseram:

Não nos deixes ainda.

Foste como um sol do meio-dia em nosso crepúsculo, e tua juventude nos deu sonhos para sonhar.

Não és um estrangeiro entre nós, nem um hóspede, mas nosso filho e nosso bem-amado.

Não deixes nossos olhos famintos por tua face.

E os sacerdotes e as sacerdotisas disseram a ele:

Não permitas que as ondas do mar nos separem agora, e que os anos que passaste conosco se tornem uma lembrança.

Andaste entre nós como um espírito, e tua sombra foi como uma luz sobre nossa face.

Muito o amamos. Mas nosso amor foi sem palavras, e com véus ele foi velado.

Ainda assim, agora ele clama em bom som, e ficaria desvelado diante de ti.

E ocorre que nunca o amor conhece sua própria profundidade até a hora da separação.

E outros também vieram e rogaram a ele. Mas ele não lhes respondeu. Apenas baixou sua cabeça; e aqueles que estavam próximos a ele viram as lágrimas caindo sobre seu peito.

E ele e as pessoas dirigiram-se para a grande praça diante do templo.

E eis que saiu de dentro do santuário uma mulher cujo nome era Almitra. E ela era uma vidente.

E ele olhou para ela com extrema ternura, pois fora ela a primeira que o buscara e acreditara nele, quando ele ainda mal completara um dia na cidade. E ela o saudou, dizendo:

Profeta de Deus, em busca do mais elevado, por um longo tempo perscrutaste as lonjuras à procura de tua embarcação.

E agora tua embarcação chegou, e tu deves partir.

Profunda é tua saudade da terra de tuas memórias e sede de teus maiores desejos; e nosso amor não te ataria, nem te prenderiam nossas necessidades.

Ainda assim, isto te pedimos antes que nos deixes: que nos fales e nos dês tua verdade.

E nós a daremos a nossos filhos; e eles, a seus filhos; e ela não morrerá.

Em tua solitude, vigiaste nossos dias, e, em tua vigília, ouviste o choro e o riso de nosso sono.

Então, agora nos revela a nós mesmos, e dize-nos tudo que foi mostrado a ti a respeito do que existe entre o nascimento e a morte.

E ele respondeu:

Povo de Orphalese, de que posso falar além daquilo que agora se move em vossas almas?

Então Almitra disse:

Fala-nos do *Amor*.

E ele ergueu sua cabeça e olhou para o povo, e um silêncio abateu-se sobre eles. E com voz potente, ele disse:

Quando o amor acenar para ti, segue-o,

Ainda que seu caminho seja difícil e íngreme.

E quando suas asas te envolverem, rende-te a ele,

Ainda que a espada oculta na ponta de suas asas possa ferir-te.

E, quando ele falar a ti, crê nele,

Ainda que sua voz arrebente teus sonhos como o vento do norte arrasa o jardim.

Pois, mesmo quando o amor te coroar, ele há também de crucificar-te. Mesmo quando ele for para ti crescimento, também será para ti poda.

Mesmo quando ele se eleva à tua altura e acaricia teus mais tenros galhos que se agitam ao sol,

Ele também descerá a tuas raízes e sacudi-las-á enquanto se agarram à terra.

Como feixes de trigo, ele te colhe para si.

Ele te debulha, para ficares despido.

Ele te peneira, para livrar-te de tuas cascas.

Ele te mói até ficares branco.

Ele te amassa até ficares maleável;

E então ele te põe em seu fogo sagrado, para que te tornes o pão sagrado para o banquete sagrado de Deus.

Todas essas coisas o amor fará a ti, para que saibas os segredos de teu coração, e, em posse desse segredo, sejas um fragmento do coração da Vida.

Mas se, em teu medo, apenas buscares a paz e o prazer do amor,

Então é melhor para ti que cubras tua nudez e passes longe da área de debulha do amor,

Para dentro do mundo sem estações, onde tu rirás, mas não todas as tuas risadas; e chorarás, mas não todas as tuas lágrimas.

O amor não dá nada além de si mesmo, e não recebe nada que não de si mesmo.

O amor não possui nem se deixa possuir;

Pois o amor basta para o amor.

Quando amares, não digas "Deus está em meu coração", mas sim "Eu estou no coração de Deus".

E não penses que possas guiar os caminhos do amor, pois o amor, se te considera digno, guiará teus caminhos.

O amor não tem outro desejo senão o de perfazer-se.

Mas se tu amas e deves ter desejos, que sejam estes os teus desejos:

Derreteres e seres como um riacho que canta sua melodia para a noite. Conheceres a dor da ternura excessiva;

Seres ferido por tua compreensão do amor;

E sangrares de boa vontade e com alegria;

Despertares ao alvorecer com um coração alado e dares graças por mais um dia de amor;

Descansares ao meio-dia e meditares no êxtase do amor;

Voltares para casa ao entardecer com gratidão;

O PROFETA

E então dormires com uma oração para o amado em teu coração e uma canção de louvor em teus lábios.

O PROFETA

Então Almitra falou novamente e disse:

E do **Casamento**, mestre?

E ele respondeu, dizendo:

Vós nascestes juntos, e juntos devereis estar para sempre.

Devereis estar juntos quando as asas brancas da morte dissolverem vossos dias.

Sim, devereis estar juntos mesmo na lembrança silenciosa de Deus.

Mas que haja espaços em vossa união.

E que os ventos dos céus dancem entre vós.

Amai um ao outro, mas não façais do amor uma atadura:

É melhor que seja um mar movente entre as orlas de vossas almas.

Enchei as taças um do outro, mas não bebais de uma taça única.

Dai um pouco de vosso pão um ao outro, mas não comeis do mesmo pedaço. Cantai e dançai juntos, e sede alegres, mas deixai que cada um esteja sozinho,

Como as cordas do alaúde que estão sozinhas enquanto vibram com a mesma música.

Dai vossos corações, mas não para que outro o prenda.

Pois apenas a mão da Vida pode conter vossos corações.

E ficai juntos, mas não juntos demasiadamente próximos:

Pois os pilares do templo ficam separados,

E o carvalho e o cipreste não crescem à sombra um do outro.

KAHLIL GIBRAN

O PROFETA

E uma que carregava um bebê em seu colo disse,
Fala-nos das **Crianças**.

E ele disse:

Vossas crianças não são vossas crianças,

São os filhos e filhas da saudade que a Vida tem
de si mesma.

Eles vêm por meio de vós, mas não de vós.

E ainda que estejam convosco, não pertencem
a vós.

Vós podeis dar-lhes vosso amor, mas não vossos
pensamentos,

Pois eles terão seus próprios pensamentos.

Podeis dar abrigo a seus corpos, mas não a
suas almas,

Pois suas almas habitam o abrigo do amanhã,
que não podeis visitar, nem mesmo em vossos
sonhos.

Podeis esforçar-vos para serdes como eles, mas
não tenteis torná-los como vós. Pois a vida não
anda para trás nem se demora com o dia de ontem.

Vós sois os arcos com os quais vossos filhos,
como setas viventes, são atirados.

O Arqueiro vê o alvo na rota do infinito, e Ele
vos curva com seu poder, para que Suas setas vão
velozes e longe.

Que vossa curvatura na mão do Arqueiro seja
para a alegria;

Pois, assim como Ele ama a seta que voa, também Ele ama o arco que é estável.

Então disse um rico,
Fala-nos sobre a **Doação**.
E ele respondeu:
Vós dais muito pouco quando dais vossas possessões.
É quando dais a vós mesmos que vós dais de verdade.
Pois o que são vossas possessões senão coisas que manteis e guardais por medo de que precisareis delas amanhã?
E amanhã, o que o amanhã trará para o cão zeloso demais, que enterra ossos na areia insondável enquanto segue com os peregrinos para a cidade sagrada?
E o que é o medo da necessidade senão a necessidade em si?
O medo da sede quando o poço está cheio não é, ele mesmo, a sede insaciável?
Há aqueles que dão pouco do muito que têm — e dão em nome do reconhecimento e seu desejo secreto torna incompletas as suas doações.
E há aqueles que têm pouco e dão tudo.
Estes são os crentes na vida e na abundância da vida, e seu cofre nunca está vazio.
Há aqueles que dão com alegria, e essa alegria é sua recompensa.
E há aqueles que dão com sofrimento, e esse sofrimento é seu batismo.
E há aqueles que dão e desconhecem o sofrimento na doação, não buscam a alegria, nem dão com a consciência da virtude;

Eles dão como, no vale distante, a murta solta sua fragrância no espaço.

Pelas mãos destes, Deus fala, e, por detrás dos olhos deles, Ele sorri na terra.

O PROFETA

É bom dar quando for pedido, mas é melhor dar sem ser solicitado, atrás da compreensão.

E, para os generosos, a busca por aquele que receberá é alegria maior que dar.

E o que vós podereis reter?

Tudo que tendes será um dia dado;

Portanto, dai agora, para que o momento de doação seja vosso e não de vossos herdeiros.

Vós falais amiúde "Eu daria, mas apenas aos merecedores".

As árvores em vosso pomar não falam assim, nem os rebanhos em vossos pastos.

Eles dão para que vivam, pois reter é perecer.

Decerto que aquele merecedor de receber seus dias e suas noites é digno de todo o resto que recebe de vós.

E aquele merecedor de beber do oceano da vida é digno de encher sua taça em vosso ribeirinho.

E qual deserto maior pode haver que aquele localizado na coragem e na confiança, ou melhor, na caridade, de receber?

E quem são os homens que deveriam rasgar seus peitos e desvelar seu orgulho, para que vós possais ver seu valor nu e seu orgulho sem constrangimento?

Cuidai para que vós mesmos sejais dignos de serdes doadores, e um instrumento de doação.

Pois em verdade é a vida que doa à vida – enquanto vós, que vos considerais doadores, sois apenas testemunhas.

O PROFETA

E vós, recebedores – e vós sois todos recebedores –, não assumais nenhum peso de gratidão, para que não coloqueis um jugo sobre vós mesmos e sobre aquele que vos doa.

É melhor que monteis, com o doador, sobre seus dons como em asas;

Pois pensar demais em vossa dívida é duvidar da generosidade daquele que tem a terra generosa por mãe e Deus por pai.

O PROFETA

Depois um ancião, dono de uma estalagem, disse,
Fala-nos *do Comer e do Beber*.

E ele disse:

Que tu pudesses viver da fragrância da terra e,
como uma planta aérea, fosses sustentado pela luz.

No entanto, uma vez que deves matar para comer, e roubar ao recém-nascido o leite materno
para satisfazer tua sede, que isso seja, então, um ato
de adoração,

E que tua mesa seja um altar sobre o qual os
puros e os inocentes da floresta e da planície são
sacrificados para aquilo que é mais puro e ainda
mais inocente no homem.

Quando matares um animal, dize-lhe em teu
coração,

"Pelo mesmo poder que te mata, eu também sou
morto; e eu também serei consumido. Pois a lei que
te trouxe à minha mão também me levará a uma
mão mais poderosa.

Teu sangue e meu sangue nada mais são que a
seiva alimentando a árvore dos céus."

E quando esmagares uma maçã com teus den-
tes, dize em teu coração,

"Tuas sementes viverão em meu corpo,

E os ramos de teu amanhã desabrocharão em
meu coração,

E tua fragrância será meu sopro,

E juntos vamos nos regozijar ao longo de todas
as estações."

E no outono, quando colheres as uvas de tua vinha para a espremedeira, dize em teu coração,

"Eu também sou uma vinha, e meus frutos serão colhidos para a espremedeira,

E como o vinho novo, eu serei mantido em recipientes eternos."

E no inverno, quando despejares o vinho, que haja em teu coração uma canção para cada taça;

E que haja uma canção de lembrança para os dias de outono, e para a vinha, e para a espremedeira.

Então um lavrador disse,
Fala-nos do **Trabalho**.
E ele respondeu, dizendo:
Tu trabalhas para que possas acompanhar o ritmo da terra e da alma da terra.

Pois estar ocioso é tornar-se um estrangeiro para as estações, e retirar-se da procissão da vida, que marcha para a majestade e para a submissão orgulhosa em direção ao infinito.

Quando trabalhas, és a flauta por cujo coração o murmúrio das horas se torna música.

Qual de vós seria um caniço, estúpido e silente, quando todos os outros cantam juntos em uníssono?

Sempre vos foi dito que o trabalho é uma maldição e o labor, uma desgraça.

Mas eu digo a vós que, quando trabalhais, vós cumpris uma parte do sonho mais profundo da terra, designado a vós quando esse sonho nasceu,

E mantendo-vos no trabalho, vós estais, em verdade, amando a vida,

E amar a vida pelo trabalho é ser íntimo do segredo mais profundo da vida.

Mas, se em vossa dor, considerardes o nascimento como uma aflição e o suporte da carne como uma maldição inscrita sobre vosso cenho, então eu respondo que nada além do suor de vosso cenho poderá lavar o que está inscrito.

Também vos foi dito que a vida é trevas, e, em vossa fadiga, ecoastes o que foi dito pelos fatigados.

E eu digo que a vida é de fato trevas, exceto quando há desejo,

E todo desejo é cego, exceto quando há conhecimento,

E todo conhecimento é vão, exceto quando há trabalho,

E todo trabalho é vazio, exceto quando há amor;

E quando vós trabalhais com amor, vós vos atais a vós mesmos, e uns aos outros, e a Deus.

E o que é trabalhar com amor?

É tecer o pano com os fios de vosso coração, como se vosso próprio amado fosse vestir tal pano.

É construir uma casa com afeto, como se vosso próprio amado fosse habitar tal casa.

É lançar as sementes com ternura e fazer a colheita com alegria, como se vosso próprio amado fosse comer tais frutos.

É mudar todas as coisas que fazeis com um sopro de vosso próprio espírito,

E saber que todos os falecidos abençoados estão perto de vós, observando.

Amiúde eu vos ouvi dizer, como se falando no sono, "Aquele que trabalha com o mármore, e encontra a forma de sua própria alma na pedra, é mais nobre que aquele que ara o solo. E aquele que captura o arco-íris para colocá-lo em um tecido na imagem de um homem vale mais que aquele que faz as sandálias para nossos pés".

Mas eu digno, não no sono, mas na absoluta vigília do meio-dia, que o vento não fala com mais doçura para o carvalho gigante que para a menor folha de grama;

E só é grande aquele que transforma a voz do vento em uma canção tornada mais doce pelo seu próprio amar.

Trabalho é o amor tornado visível.

E se não podeis trabalhar com amor, mas apenas com desgosto, é melhor que deixeis vosso trabalho e vos senteis aos portões do templo e recebais a esmola dada por aqueles que trabalham com alegria.

Pois se vós assais um pão com indiferença, vós assais um pão amargo que satisfaz a fome de um homem apenas pela metade.

E se espremeis as uvas com má vontade, vossa má vontade destila um veneno no vinho. E se vós cantais como anjos, mas não amais o cantar, vós tapais os ouvidos dos homens para as vozes do dia e para as vozes da noite.

Então uma mulher disse,
Fala-nos *da Alegria e da Tristeza*.
E ele respondeu:
Tua alegria é tua tristeza desmascarada.

E o mesmíssimo poço de onde emerge teu riso foi amiúde preenchido com tuas lágrimas

E como poderia ser diferente?

Quanto mais fundo a tristeza escava em teu ser, mais alegria podes conter.

Não é a taça que contém teu vinho a mesmíssima que foi queimada no forno do ceramista?

E não é o alaúde que acalma teu espírito a mesmíssima madeira que foi tornada oca por facas?

Quando estiveres alegre, perscruta o fundo de teu coração e descobrirás que apenas aquilo que te deu tristeza agora te dá alegria.

Quando estiveres triste, perscruta de novo teu coração, e verás que, em verdade, estás chorando por aquilo que já foi teu deleite.

Alguns de vós dizem "A alegria é maior que a tristeza", e outros dizem "Não, é a tristeza que é maior".

Mas eu digo a vós que elas são inseparáveis.

Juntas elas vêm, e, quando uma se senta sozinha contigo à tua mesa, lembra-te de que a outra dorme sobre tua cama.

De fato, vós estais suspensos como balanças, entre vossa tristeza e vossa alegria.

Apenas quando estais vazios é que parais e permaneceis em equilíbrio.

O PROFETA

Quando o tesoureiro vos levanta para pesar seu ouro e sua prata, é inevitável que vossa alegria ou vossa tristeza suba ou caia.

Então um pedreiro avançou e disse,
Fala-nos das **Casas**.
E ele respondeu e disse:
Construí conforme vossa imaginação uma cabana na floresta antes que construais uma casa dentro das muralhas da cidade.

Pois mesmo quando tendes vossas chegadas ao lar em vosso crepúsculo, também as tem o andarilho dentro de ti, sempre distante e solitário.

Vossa casa é vosso corpo alargado.

Ela cresce ao sol e dorme no silêncio da noite; e não está sem sonhos. Vossa casa não sonha? E, dormindo, não deixa a cidade por uma mata ou pelo topo de uma colina?

Que eu pudesse recolher vossas casas em minhas mãos e, como um semeador, espalhá-las pela floresta e pelo campo.

Que os vales fossem vossas ruas, e os caminhos verdes vossas vielas, para que pudésseis buscar uns aos outros pelas vinhas, e vir com a fragrância da terra em vossas vestes.

Mas estas coisas ainda estão por acontecer.

Em seu medo, vossos ancestrais vos reuniram juntos demais. E esse medo durará por um pouco mais de tempo. Por um pouco mais de tempo as muralhas de vossa cidade separarão vossos quintais de vossos campos.

E dizei-me, povo de Orphalese, o que tendes em vossas casas? E o que é que guardais com portas cerradas?

Tendes paz, o desejo silente que revela vosso poder?

Tendes memórias, os arcos reluzentes que se estendem pelas cúpulas da mente?

Tendes beleza, que leva o coração das coisas feitas de madeira e pedra para a montanha sagrada?

Dizei-me, tendes estas coisas em vossas casas?

Ou tendes apenas conforto, e o apetite por conforto, essa coisa sorrateira, que entra na casa como convidada, então se torna anfitriã e, depois, dona?

Sim, e ela se torna uma domadora, e, com uma garra e um flagelo, transforma vossos maiores desejos em fantoches.

Ainda que suas mãos sejam sedosas, seu coração é de ferro.

Ela canta para que vós durmais, apenas para ficar ao lado de vossa cama e insultar a dignidade da carne.

Ela zomba de vossos sentidos sãos e os coloca em sementes de cardo, como receptáculos frágeis.

De fato, o apetite por conforto assassina a paixão da alma, e então vai sorrindo ao funeral.

Mas vós, crianças do espaço, inquietas no descanso, não sereis presas nem domadas.

Vossa casa não será uma âncora, mas um mastro.

O PROFETA

Não será com uma película brilhante que cobre uma ferida, mas como uma pálpebra que protege o olho.

Não dobrareis vossas asas para que passeis pelas portas, nem baixareis vossas cabeças para que não batam contra o teto, nem temereis respirar para que as paredes não rachem e caiam.

Não habitareis tumbas feitas pelos mortos para os vivos.

E ainda que com magnificência e esplendor, vossas casas não manterão vossos segredos nem abrigarão vossa saudade.

Pois aquilo que é infinito em vós habita a mansão dos céus, cuja porta é a névoa da manhã, e cujas janelas são as canções e os silêncios da noite.

E o tecelão disse:

Fala-nos das *Vestes*.

E ele respondeu:

Vossas vestes escondem muito de vossa beleza, mas, ainda assim, não escondem o feio.

E ainda que busqueis nas vestimentas a liberdade do privado, vós encontrareis nelas um arreio e uma corrente.

Que vós pudésseis encontrar o sol e o vento com mais de vossas peles e menos de vosso vestuário,

Pois o sopro da vida está na luz solar e a mão da vida está no vento.

Alguns de vós dizem "Foi o vento do norte que teceu as vestes que usamos".

E eu digo:

Sim, foi o vento do norte.

Mas a vergonha foi o seu tear, e o amolecer dos tendões, seus fios.

E quando seu trabalho estava findado, ele riu na floresta. Não vos esqueçais de que a modéstia é para um escudo contra o olho dos impuros.

E, quando não houver mais impuros, o que seria a modéstia senão um grilhão e um tormento para a mente?

E não vos esqueçais de que a terra se deleita com vossos pés descalços e os ventos têm saudades de brincar com vossos cabelos.

E o mercante disse,

Fala-nos de *Comprar e Vender*.

E ele respondeu e disse:

Para vós a terra entrega seus frutos, e vós não sofrereis escassez se souberdes como encher vossas mãos.

É na troca dos dons da terra que encontrareis a abundância e sereis satisfeitos.

Ainda assim, a menos que a troca seja com amor e com justiça gentil, apenas levará alguns à ganância e outros à fome.

Quando, no mercado, vós, labutadores do mar e dos campos e das vinhas, encontrais os tecelões e os ceramistas e os coletores de temperos,

Invocai o espírito mestre da terra, para que venha em vosso meio e santifique as balanças e os cálculos que pesam valor contra valor. E não admitais que o homem de mãos vazias tome parte em vossas transações, aqueles que vendem suas palavras pelo vosso trabalho.

A estes homens, deveis dizer:

"Vinde conosco aos campos, ou ide com nossos irmãos ao mar e lançai vossas redes;

Pois a terra e o mar serão abundantes tanto para vós quanto para nós".

E, se vierem os cantores e os dançarinos e os flautistas, comprai seus dons também.

Pois também eles são coletores de frutos e de incenso, e aquilo que trazem, ainda que feito de sonhos, é vestimenta e alimento para vossa alma.

E, antes que deixeis o mercado, cuidai para que ninguém se vá com mãos vazias.

Pois o espírito mestre da terra não dormirá em paz sobre o vento até que as necessidades do mais insignificante de vós estejam satisfeitas.

Então um dos juízes da cidade pôs-se à frente e disse:

Fala-nos do **Crime e Castigo**.

E ele respondeu, dizendo:

É quando teu espírito sai andando pelo vento,

Que tu, solitário e desprotegido, comete um erro contra os outros e, portanto, contra ti mesmo.

E por causa deste erro, deves bater e esperar um pouco, ignorado, diante do portão dos abençoados.

Como o oceano é teu deus interior;
Ele permanece para sempre imaculado.
E como o éter, ele se eleva, mas sem asas.
Como o sol é teu deus interior;
Ele desconhece os caminhos da toupeira, e não busca os buracos da serpente. Mas teu deus interior não habita solitário teu ser.
Muito de ti ainda é homem, e muito de ti ainda não é homem,
Mas um pigmeu sem forma que anda sonâmbulo na névoa, buscando seu próprio despertar.
E do homem em ti, eu não ousaria falar agora.
Pois é ele, e não teu deus interior nem o pigmeu na névoa, que conhece o crime e o castigo do crime.
Amiúde vos ouvi falar de alguém que comete um erro como se ele não fosse um de vós, mas um estrangeiro para vós e um intruso em vosso mundo.
Mas digo que nem mesmo o mais santo e o mais justo não pode elevar-se para além do mais elevado que há em cada um de vós,
Assim também não pode o mais perverso e fraco rebaixar-se para além do mais baixo que também há em vós.
E assim como uma única folha não pode tornar-se amarela senão com o conhecimento tácito da árvore inteira,
Também o malfeitor não pode cometer a malfeitoria sem a vontade secreta de vós todos.

O PROFETA

Como uma procissão, caminhais juntos em direção a vosso deus interior.

KAHLIL GIBRAN

O PROFETA

Vós sois o caminho e os caminhantes.

E, quando um de vós cai, ele cai para os que estão atrás dele, um aviso contra a pedra de tropeço.

Sim, e ele cai para os que estão à frente dele, que, mais rápidos e mais firmes de pé, ainda assim não removeram a pedra de tropeço.

E também isto, ainda que a palavra jaza pesadamente em vossos corações:

O assassinado não é insuspeito de seu próprio assassinato,

E o roubado não está sem culpa de ter sido roubado.

O justo não está inocente perante os feitos do perverso,

E o de mãos brancas não está puro perante os feitos do criminoso.

De fato, a culpa é amiúde da vítima da injúria,

E ainda mais amiúde o condenado carrega o fardo pelo inocente e insuspeito.

Não podeis separar o justo do injusto e o bom do perverso;

Pois eles estão juntos diante da face do sol, como o fio branco e o fio preto estão entretecidos.

E, quando o fio preto se rompe, o tecelão perscrutará o tecido inteiro, e examinará também o tear.

Se algum de vós trouxer a julgamento a esposa infiel,

Que também pese o coração de seu esposo na balança, e meça sua alma com as medidas.

E que aquele que açoitaria o agressor examine o espírito do agredido.

E se algum de vós puniria em nome da retidão e desceria o machado contra a árvore perversa, que veja antes suas raízes;

E de fato ele encontrará as raízes do bom e do mau, do frutuoso e do infrutífero, todas emaranhadas juntas no coração silente da terra.

E vós, juízes que quereis ser justos,

Que sentença pronunciais contra aquele que, ainda que honesto na carne, é um ladrão no espírito?

Que pena impondes contra aquele que mata na carne, mas é ele mesmo morto no espírito?

E como processais aquele que, em ações, é um enganador e um opressor,

Mas, ainda assim, é ofendido e ultrajado?

E como punireis aqueles cujo remorso já é maior que sua malfeitoria?

Não é o remorso a justiça que é administrada pela própria lei a qual vós serviríeis de bom grado?

Ainda assim, não podeis impor remorso contra o inocente, nem o tirar do coração do culpado.

Indesejado, ele chamará à noite, para que os homens despertem e olhem para si mesmos. E vós, que quereis entender a justiça, como podereis fazê-lo senão examinando todos os feitos à luz plena?

Apenas assim sabereis que o erguido e o caído são o mesmíssimo homem, em pé no crepúsculo entre a noite de seu pigmeu interior e o dia de seu deus interior, E que a pedra angular do templo não é mais elevada que a mais baixa das pedras em sua fundação.

Então um advogado disse:
Mas e quanto às *Leis*, mestre?
E ele respondeu:
Vós vos deleitais em fazer leis,
E deleitai-vos mais ainda em quebrá-las.
Como as crianças brincando à beira-mar, que constroem castelos de areia com afinco e então os destroem com riso.
Mas, enquanto vós construís vossos castelos de areia, o oceano traz mais areia para a costa,
E quando vós os destruís, o oceano ri convosco.
De fato, o oceano sempre ri com os inocentes.
Mas e quanto àqueles para quem a vida não é um oceano, e as leis humanas não são castelos de areia,
Mas para quem a vida é uma rocha, e a lei, um cinzel, com o qual eles a entalham a sua imagem e semelhança? E quanto ao aleijado que detesta dançarinos?
E quanto ao boi que ama seu jugo e considera o cervo e o veado da floresta coisas vagabundas e vadias?
E quanto à velha serpente que não pode se livrar de sua pele, e chama todas as outras de nuas e sem-vergonha?

E quanto àquele que vem cedo para o banquete de casamento e, depois de comer demais e ficar cansado, vai embora dizendo que todos os banquetes são uma violação e todos os banqueteadores uns criminosos?

O que eu direi destes, exceto que eles também estão sob a luz solar, mas com suas costas voltadas ao sol?

Eles apenas veem suas sombras, e suas sombras são as leis.

O que é o sol para eles senão um produtor de sombras?

E o que significa obedecer às leis senão inclinar-se e desenhar suas sombras sobre a terra?

Mas, se vós andais voltados para o sol, que imagens desenhadas na terra poderão deter-vos?

Vós que viajais com o vento, que catavento poderá dirigir vosso curso?

Que lei humana poderá prender-vos se quebrardes vossos jugos contra a porta da prisão de homem algum?

Que leis podereis temer se dançares sem tropeçar nas correntes de ferro de homem algum?

E quem poderá levar-vos a julgamento se arrancardes vossas vestimentas sem deixá-las no caminho de homem algum?

Povo de Orphalese, vós podeis abafar o tambor, e vós podeis afrouxar as cordas da lira, mas quem poderá ordenar que a cotovia não cante?

O PROFETA

E um orador disse:

Fala-nos da **Liberdade**.

E ele respondeu:

Aos portões de vossa cidade, e perto de vossas fogueiras, eu vos vi prostrados, adorando vossa própria liberdade,

Como os escravos se humilham diante de um tirano e elogiam-no, ainda que ele os mate.

Sim, na mata do templo e na sombra da cidadela eu vi o mais livre dentre vós usar sua liberdade como um jugo e uma algema.

E meu coração sangrou dentro de mim; pois vós vos tornais livres quando mesmo o desejo de buscar a liberdade se torna um arreio para vós, e cessais de falar da liberdade como fim e plenitude.

Vós sereis livres, de fato, quando vossos dias não estiverem sem cuidado nem vossas noites sem necessidade e sem luto,

E mais ainda quando esses dias cercarem vossa vida e, mesmo assim, vós vos elevares acima deles, nus e desatados.

E como vós podereis elevar-vos para além de vossos dias e noites, senão se quebrardes as correntes que vós, no alvorecer de vosso entendimento, prendestes em torno da hora de vosso meio-dia?

De fato, isso que chamais de liberdade é a mais pesada dessas correntes, ainda que seus elos brilhem ao sol e maravilhem vossos olhos.

E o que é que vós descartais para que vos torneis livres, senão fragmentos de vós mesmos?

Se é uma lei injusta que deveis abolir, essa lei foi escrita com vossa própria mão sobre vossa própria fronte.

Não podeis apagá-la queimando os livros de vossa lei nem limpando a fronte de vossos juízes, ainda que derrameis sobre elas o mar.

E se é um déspota que deveis destronar, cuidai antes para que o trono dele erigido dentro de vós seja destruído.

Pois como pode um tirano dominar os livres e orgulhosos, senão com a tirania da própria liberdade e a vergonha do próprio orgulho?

E se há uma preocupação da qual vos livreis, essa preocupação foi escolhida por vós, e não imposta a vós.

E se é o medo que quereis dissipar, a sede do medo está em vosso coração e não na mão do temido.

De fato, todas as coisas se movem dentro de vosso ser em um constante semiabraço, aquilo que é desejado e temido, aquilo que é repugnante e estimado, aquilo que é buscado e aquilo de que se prefere fugir.

Essas coisas se movem dentro de vós como luzes e sombra em pares que se ligam.

E, quando a sombra some e não existe mais, a luz que permanece torna-se uma sombra para outra luz.

E assim vossa liberdade, quando perde seus grilhões, se torna, ela mesma, os grilhões de uma liberdade maior.

O PROFETA

E a sacerdotisa falou de novo e disse:

Fala-nos **da Razão e da Paixão**.

E ele respondeu, dizendo:

Vossa alma amiúde é um campo de batalha, sobre o qual vossa razão e vosso julgamento guerreiam contra vossa paixão e vossos apetites.

Que eu pudesse ser o pacificador em vossa alma, para que pudesse transformar a discórdia e a rivalidade de vossos elementos em unidade e melodia.

Mas como eu poderia, a menos que vós mesmos fordes também pacificadores, ou melhor, amantes de vossos elementos?

Vossa razão e vossa paixão são o leme e a vela de vossa alma navegante.

Se vossas velas ou vosso leme se quebrarem, podereis apenas sacudir-vos e ficar à deriva, ou permanecer em calmaria em meio ao mar. Pois a razão, comandando sozinha, é uma força de confinamento; e a paixão, sem atenção, é uma chama que queima até a autodestruição.

Portanto, deixai que vossa alma exalte vossa razão até o ápice da paixão, para que cante;

E deixai-a dirigir vossa paixão com razão, para que vossa paixão possa sobreviver a sua ressurreição, e, como a fênix, erguer-se sobre suas próprias chamas.

Eu vos aconselharia a considerar vosso julgamento e vosso apetite como dois convidados amados em vossa casa.

Certamente não honraríeis mais um convidado em detrimento de outro; pois aquele que cuida mais de um deles perde o amor e a confiança de ambos.

Entre as colinas, quando vos senteis sob a sombra fresca do álamo branco, compartilhando a paz e a serenidade de campos e campinas distantes – então deixai que vosso coração diga em silêncio, "Deus descansa na razão."

E quando a tempestade vier, e os ventos poderosos sacudirem a floresta, e o trovão e o relâmpago proclamarem a majestade do céu, – deixai que vosso coração diga com espanto: "Deus se move na paixão".

E como sois um sopro na esfera de Deus, e uma folha na floresta de Deus, vós também deveis descansar na razão e mover-vos na paixão.

E uma mulher falou, dizendo:
Conta-nos sobre a *Dor*.
E ele disse:
Vossa dor é o rompimento da concha que enclausura vosso entendimento.

Como o caroço da fruta deve romper-se, para que seu interior possa sair ao sol, assim também vós deveis conhecer a dor.

E se pudésseis manter vosso coração em admiração diante dos milagres diários de vossa vida, vossa dor não pareceria menos admirável que vossa alegria;

O PROFETA

E aceitaríeis as estações de vosso coração, como sempre aceitastes as estações que passam por sobre vossos campos.

E encararíeis com serenidade os invernos de vosso luto.

Muito da dor é autoimposto.

É o remédio amargo com que o médico dentro de vós cura vosso interior doente.

Portanto, confiai no médico, e bebei seu remédio em silêncio e com tranquilidade: Pois sua mão, ainda que pesada e dura, é guiada pela mão tenra do Invisível, E a taça que ele traz, ainda que queime vossos lábios, foi moldada com a argila que o Ceramista umedeceu com Suas próprias lágrimas sacras.

E um homem disse:

Fala-nos do *Autoconhecimento*.

E ele respondeu, dizendo:

Vossos corações conhecem, em silêncio, os segredos dos dias e das noites.

Mas vossos ouvidos estão sedentos pelo som da sabedoria de vosso coração.

Vós saberíeis em palavras aquilo que sempre soubestes em pensamento.

Vós tocaríeis com vossos dedos o corpo nu de vossos sonhos.

E é bom que o façais.

O olho d'água oculto de vossa alma deve exsurgir e correr murmurante rumo mar;

E o tesouro de vossas profundezas infinitas se revelaria a vossos olhos.

Mas que não haja balanças para pesar vosso tesouro incógnito;

E não busqueis as profundezas de vosso conhecimento com um cajado ou sonda.

Pois o íntimo é um mar infinito e imensurável

Não digais: "Encontrei a verdade", mas "Encontrei uma verdade".

Não digais: "Encontrei o caminho da alma." É melhor dizer: "Encontrei a alma andando por meu caminho".

Pois a alma anda por todos os caminhos.

A alma não anda em linha reta, nem cresce como caniço.

A alma desdobra-se como lótus de incontáveis pétalas.

O PROFETA

Então um professor disse:
Fala-nos do **Ensinar**.
E ele disse:
Ninguém pode revelar-te nada além daquilo que já está semidesperto no alvorecer de teu conhecimento.

O professor que anda pela sombra do templo, entre seus discípulos, não doa sua sabedoria, mas sua fé e seu amar.

Se ele é, de fato, sábio, ele não te convida a entrar na casa de sua sabedoria, mas leva-te ao limiar de tua própria mente.

O astrônomo pode falar de seu entendimento do espaço, mas não pode doar-te seu entendimento.

O músico pode cantar-te o ritmo que preenche todo o espaço, mas não pode dar-te o ouvido que captura o ritmo nem a voz que o ecoa. E aquele que é versado na ciência dos números pode falar das regiões do peso e da medida, mas não pode conduzir-te até elas.

Pois a visão de um homem não empresta suas asas a outro.

E como cada um de vós está solitário no conhecimento que a Deus pertence, assim cada um de vós deverá estar solitário em seu conhecimento sobre Deus e em seu entendimento da terra.

E um jovem disse,
Fala-nos da **Amizade**.

O PROFETA

E ele respondeu, dizendo:

Teu amigo deve ser respondido.

Ele é o campo em que semeias com amor e colhes com graça.

Ele é tua mesa e tua fogueira.

Pois tu vens a ele com tua fome, e buscas nele a paz.

Quando teu amigo fala o que pensa, tu não temes o "não" em teu pensamento, nem reténs o "sim".

E quando ele se cala, teu coração não cessa de ouvir o coração dele;

Pois sem palavras, na amizade, todos os pensamentos, todos os desejos, todas as expectativas nascem e são compartilhadas, com uma alegria inaudita.

Quando te separas de teu amigo, não te entristeces;

Pois aquilo que mais amas nele é mais visível para ti em sua ausência, como a montanha é mais visível ao escalador na planície. E que não haja propósito na amizade além do aprofundamento do espírito.

Pois o amor que busca algo além da revelação de seu próprio mistério não é amor, mas um rede lançada: ela captura apenas o inútil.

E reserva teu melhor a teu amigo.

Se ele deve conhecer a vazante de tua maré, que conheça também sua cheia.

Pois o que é teu amigo se o buscas com tempo a matar?

Busca-o sempre com tempo a viver.

Pois é dever dele preencher tua necessidade, não teu vazio.

E que haja, na doçura da amizade, o riso e o compartilhamento de prazeres.

Pois, no orvalho das pequenas coisas, o coração encontra sua manhã e é refrescado.

Então um acadêmico disse:

Fala-nos do *Conversar*.

E ele respondeu, dizendo:

Vós conversais quando cessais de estar em paz com vossos pensamentos;

E quando não podeis mais habitar a solitude de vosso coração, vós viveis em vossos lábios, e o tempo é uma distração e um passatempo.

E, em muito de vosso conversar, o pensamento é meio assassinado.

Pois o pensamento é um pássaro do espaço, que, em uma gaiola de palavras, pode, de fato, abrir suas asas, mas não pode voar.

Há aqueles dentre vós que buscam os conversadores em razão do medo de estar só.

O silêncio da solidão revela, a seus olhos, seu íntimo nu e eles prefeririam fugir.

E há aqueles que falam e, sem conhecimento ou reflexão prévia, revelam uma verdade que eles mesmos nem sequer entendem.

E há aqueles que têm a verdade dentro de si, mas não a dizem em palavras.

No peito destes o espírito habita em silêncio rítmico.

Quando encontrais vosso amigo na estrada ou no mercado, deixai que o espírito dentro de vós mova vossos lábios e dirija vossa língua.

Deixai que a voz dentro de vossa voz fale ao ouvido de seu ouvido.

Pois sua alma guardará a verdade de vosso coração como se lembra do gosto do vinho

Quando a cor se esqueceu, e o recipiente já não existe mais.

E um astrônomo disse:

Mestre, e quanto ao *Tempo*?

E ele respondeu:

Gostaríeis de medir o imensurável e o que não tem medida.

Gostaríeis de ajustar vossa conduta e mesmo direcionar o curso de vosso espírito de acordo com as horas e as estações.

Do tempo, gostaríeis de fazer uma corrente d'água em cujo leito gostaríeis de assentar-vos e olhar o fluxo.

Ainda assim, o atemporal em vós está ciente da atemporalidade da vida,

E sabe que o ontem não é nada mais que a memória do hoje e o amanhã é o sonho do hoje.

E aquilo que canta e contempla em ti ainda está abrigado dentro das fronteiras do primeiro momento que espalhou as estrelas pelo espaço. Quem dentre vós não sente que seu poder de amar é infinito?

E ainda assim, quem não sente esse mesmo amor, ainda que infinito, preso bem no centro de seu ser, e movendo-se não de um pensamento amoroso para outro pensamento amoroso, nem de um feito amoroso para outro feito amoroso?

E não é o tempo como o amor, indiviso e estanque?

Mas se vosso pensamento deve medir o tempo em estações, deixai que cada estação circunscreva todas as outras estações,

E deixai o hoje abraçar o passado com lembrança e o futuro com saudade.

E um dos anciãos da cidade disse,
Fala-nos *do Bem e do Mal*.
E ele respondeu:
Posso falar do bem em ti, mas não do mal.

Pois o que é o mal senão o bem torturado por sua própria fome e sede?

De fato, quando o bem está faminto, ele busca alimento mesmo nas cavernas obscuras, e quando tem sede, bebe até de águas mortas.

Tu és bom quando és uno contigo mesmo.

Ainda assim, quando não és uno contigo mesmo, não és mau.

Pois uma casa dividida não é um covil de ladrões; é apenas uma casa dividida.

O PROFETA

E uma embarcação sem leme pode navegar à deriva entre ilhas perigosas e não naufragar para o fundo. És bom quando lutas para doar a ti mesmo.

Ainda assim, não és mau quando buscas ganhar para ti mesmo.

Pois, quando lutas pelo ganho, és apenas a raiz que se apega à terra e mama em seu peito.

Certamente o fruto não pode dizer à raiz, "Sê como eu, maduro e pleno e sempre doando tua abundância".

Pois, para o fruto, doar é uma necessidade, como o receber o é para a raiz.

Tu és bom quando estás plenamente desperto em tua fala,

Ainda assim, não és mau quando dormes enquanto tua língua vacila sem propósito.

E mesmo a fala vacilante pode fortalecer a língua fraca.

Tu és bom quando caminhas em direção a teu objetivo com firmeza e passos corajosos.

Ainda assim, não és mau quando chegas lá mancando. Mesmo aqueles que mancam não andam para trás.

Mas vós que sois fortes e rápidos, cuidai para que não manqueis diante do aleijado, considerando-o um gesto de gentileza.

Vós sois bons de incontáveis maneiras, e não sois maus quando não são bons,

Estais apenas vos atrasando, com preguiça.

É uma pena que o cervo não possa ensinar a rapidez a tartarugas.

Em vossa saudade por vosso íntimo gigantesco jaz vossa bondade: e essa saudade está em todos de vós.

Mas, em algum de vós, essa saudade é uma torrente correndo com ímpeto em direção ao mar, carregando os segredos das colinas e as canções da floresta.

E, em outros, é um riacho achatado que se perde em ângulos e se dobra e se demora antes de alcançar a costa.

Mas que aquele que tem muita saudade não diga àquele que tem pouca: "Por que és lento e te demoras?"

Pois quem é verdadeiramente bom não pergunta ao nu "Onde está tua veste?", nem ao sem-teto "O que aconteceu com tua casa?"

Então uma sacerdotisa disse:
Fala-nos da **Oração**.
E ele respondeu, dizendo:
Vós rezais em vosso desespero e em vossa necessidade; seria melhor que rezásseis também na plenitude de vossa alegria e em vossos dias de abundância.

Pois o que é a oração senão a expansão de vós mesmos no éter vivente?

E se é para vosso conforto que verteis vossas trevas no espaço, também é para vosso deleite que derramais o alvorecer de vosso coração.

O PROFETA

E se não podeis senão chorar quando vossa alma vos convoca à oração, ela deveria esporear-vos repetidas vezes, embora chorando, até que venhais rindo.

Quando rezais, vós vos elevais para encontrar no ar aqueles que rezam àquela mesma hora, aqueles a quem encontrará apenas na oração.

Portanto, deixai que vossa visita àquele templo invisível seja apenas para o êxtase e para a doce comunhão.

Pois, se adentrardes o templo apenas para pedir, não recebereis;

E se o adentrardes para humilhar-vos, não sereis elevados;

E, mesmo se o adentrardes para implorar pelo bem dos outros, não sereis ouvidos.

Basta que adentreis o templo invisível.

Não posso ensinar-vos a rezar com palavras.

Deus não ouve vossas palavras, exceto quando Ele Próprio as profere por meio de vossos lábios.

E não posso ensinar a oração dos mares e das florestas e das montanhas. Mas vós, que nascestes das montanhas e das florestas e dos mares, podeis encontrar sua oração em vossos corações,

E se ouvirdes o silêncio da noite, ouvireis a eles que rezam em silêncio:

"Nosso Deus, que sois nosso íntimo alado, é vossa vontade em nós que tem vontade.

É vosso desejo em nós que deseja.

É vosso querer em nós que quer tornar nossas noites, que são vossas, em dias, que também são vossos.

Não podemos pedir nada a vós, pois conheceis nossas necessidades antes que surjam em nós;

Vós sois nossa necessidade; e, ao doardes mais de vós a nós, doai-nos tudo."

O PROFETA

Então um ermitão, que visitava a cidade uma vez por ano, avançou e disse:

Fala-nos do **Prazer**.

E ele respondeu, dizendo:

O prazer é uma canção de liberdade,

Mas não é a liberdade.

É o desabrochar de vossos desejos,

Mas não é seu fruto.

É a profundeza clamando ao ápice,

Mas não é o profundo nem o elevado.

É o preso que toma asas,

Mas não é o espaço circunscrito.

Sim, em verdade, o prazer é uma canção de liberdade.

E eu, de bom grado, gostaria que vós a cantásseis com plenitude de coração; ainda assim, não permitiria que perdêsseis vossos corações no cantar.

Alguns de vossos jovens buscam o prazer como se fosse tudo, e eles são julgados e repreendidos. Eu não os julgaria nem repreenderia. Deixaria que o buscassem.

Pois encontrarão prazer, mas não apenas a ele;

Sete são suas irmãs, e a mais insignificante delas é mais bela que o prazer.

Não ouvistes a história do homem que cavava em busca de raízes e encontrou um tesouro?

E alguns de vossos anciães se lembram dos prazeres com arrependimento, como dos erros cometidos na embriaguez.

Mas o arrependimento é a obnubilação da mente, não sua correção.

Eles deveriam lembrar-se de seus prazeres com gratidão, como se lembrariam da colheita do verão.

Ainda assim, se lhes dá conforto o arrependimento, deixai que se confortem.

E há aqueles dentre vós que não são jovens para buscar nem velhos para lembrar;

E em seu medo de buscar e de lembrar, eles se afastam de todos os prazeres, para que não negligenciem o espírito nem o agridam.

Mas mesmo em sua renúncia está seu prazer.

E, assim, eles também encontram um tesouro, embora cavando em busca de raízes com mãos trêmulas.

Mas dizei-me, quem pode agredir o espírito?

Pode o rouxinol ofender o silêncio da noite, ou o vagalume, as estrelas?

Pode vossa chama ou vossa fumaça sobrecarregar o vento?

Achais que o espírito é uma poça parada que podeis perturbar com vosso cajado?

Amiúde, ao negar-vos ao prazer, apenas armazenais o desejo nos recessos de vosso ser.

Quem sabe aquilo que se oculta hoje espera pelo amanhã?

Mesmo vosso corpo conhece sua herança e sua justa necessidade e não será enganado.

E vosso corpo é a harpa de vossa alma,

E é teu dever produzir doce música com ele, ou uma cacofonia confusa.

E agora, perguntai a vosso coração: "Como podemos distinguir, no prazer, o bem daquilo que não é bom?".

Ide a vossos campos e vossos jardins, e aprendereis que é o prazer da abelha buscar o mel nas flores,

Mas é o prazer da flor doar o mel para a abelha.

Pois, para a abelha, uma flor é a fonte da vida,

E, para a flor, a abelha é uma mensagem de amor,

E, para ambas, abelha e flor, o dar e o receber do prazer é uma necessidade e um êxtase.

Povo de Ophalese, sede em vosso prazer como as flores e as abelhas.

E um poeta disse:

Fala-nos da **Beleza**.

E ele respondeu:

Onde podeis buscar Beleza, e como podeis encontrá-la a menos que ela seja vosso caminho e vossa guia?

E como podereis falar dela se ela não for a tecelã de vosso discurso?

O ofendido e o agredido dizem: "A beleza é suave e gentil.

Como mãe meio tímida de sua glória, ela caminha entre nós".

E o apaixonado diz: "Não, a beleza é algo de poderoso e temível.

O PROFETA

Como a tormenta, ela sacode a terra sob nosso pés e o céu sobre nossas cabeças".

O cansado e o esgotado dizem: "A beleza murmura suavemente. Ela fala em nosso espírito. Sua voz rende-se a nosso silêncio como a luz suave que treme de medo das sombras."

Mas os incansáveis dizem: "Nós a ouvimos gritar entre as montanhas,

E, com seus gritos, veio o barulho de cascos, e o bater de asas, e o rugir de leões".

À noite, os guardas da cidade dizem: "A beleza se erguerá com o amanhecer no leste."

E, ao meio-dia, os trabalhadores e os caminhantes dizem: "Vimo-la dobrando-se sobre a terra das janelas do pôr do sol."

No inverno, os presos pela neve: "Ela virá com a primavera saltitando sobre as colinas."

E no calor do verão, os coletores dizem: "Vimo-la dançando com as folhas do outono, e vimos um cristal de neve em seu cabeço." Todas estas coisas haveis dito sobre a beleza,

Ainda assim, em verdade, não falastes dela, mas de necessidades insatisfeitas,

E a beleza não é uma necessidade, mas êxtase.

Não é uma boca sedenta nem uma mão vazia estendida,

Mas um coração em chamas e uma alma encantada.

Não é a imagem que gostaríeis de ver nem a canção que gostaríeis de ouvir,

Mas a imagem que vedes mesmo quando fechais vossos olhos e a canção que ouvis mesmo quando tapais os ouvidos.

Não é a seiva dentro da casca estriada, nem a asa presa à garra,

Mas o jardim eternamente em flor e um rebanho de anjos eternamente em voo.

Povo de Orphalese, a beleza é a vida quando a vida desvela sua face sagrada.

Mas vós sois a vida e vós sois o véu. A beleza é a eternidade mirando a si mesma no espelho.

Mas vós sois a eternidade e vós sois o espelho.

E um velho sacerdote disse,

Fala-nos da *Religião*.

E ele disse:

Acaso eu falei a respeito de outra coisa neste dia?

Não é a religião todos os feitos e toda reflexão,

E aquilo que não é nem feito nem reflexão, mas uma maravilha e uma surpresa sempre brotando na alma, mesmo quando as mãos quebram a pedra ou cuidam do tear?

Quem pode separar sua fé de suas ações, ou suas crenças de suas ocupações?

Quem pode espalhar suas horas diante de si e dizer "Esta para Deus e esta para mim; Esta para minha alma, esta outra para meu corpo".

Todas as horas são asas que batem no espaço de um íntimo a um íntimo. Aquele que veste sua moralidade como sua melhor vestimenta estaria melhor nu.

O vento e o sol não farão buracos em sua pele.

E aquele que define sua conduta pela ética aprisiona seu pássaro cantor em uma gaiola.

A canção mais livre não vem através de barras e arames.

E aquele para quem adorar é uma janela, para abrir, mas também para fechar, ainda não visitou a casa de sua alma, cujas janelas são de amanhecer a amanhecer.

Vossa vida é vosso templo e vossa religião.

Quando o adentrardes, levai convosco tudo que tens.

Levai o arado e a forja e a marreta e o alaúde,

Tudo que fizestes na necessidade e para o deleite.

Pois, no devaneio, não podeis elevar-vos acima de vossas conquistas nem cair mais baixo que vossos falhas.

E levai convosco todos os homens: Pois, na adoração, não podeis voar mais alto que suas esperanças nem vos humilhar mais baixo que seu desespero.

E se gostaríeis de conhecer Deus, não sejais, portanto, um decifrador de charadas.

É melhor que olheis à vossa volta; podereis vê-Lo brincado com vossos filhos.

E encarai o espaço; podereis vê-Lo andando na nuvem, estendendo Seus braços no relâmpago e descendo na chuva.

Podereis vê-Lo sorrindo nas flores, então erguendo sua mão a acenando nas árvores.

Então Almitra falou, dizendo:
Queríamos perguntar agora sobre a **Morte**.
E ele disse:
Gostaríeis de saber o segredo da morte.
Mas como podereis encontrá-lo se não o buscardes no coração da vida?
A coruja, cujos olhos noturnos são cegos para o dia, não pode desvelar o mistério da luz.
Se gostaríeis, em verdade, de encarar o espírito da morte, abri vosso coração para o corpo da vida.
Pois a vida e a morte são unas, como o mar e o rio são unos.
Na profundeza de vossas esperanças e desejos jaz vosso conhecimento silente do além;
E, como sementes sonhando sob a neve, vosso coração sonha com a primavera.
Confiai nos sonhos, pois neles estão ocultos os portões da eternidade. Vosso medo da morte é apenas o tremor do pastor que está diante do rei cuja mão se porá sobre ele em honra.
Não está feliz o pastor sob seu tremor, pois ele levará a marca do rei?
Ainda assim, ele não está mais ciente de seu tremor?
Pois o que é morrer senão estar nu ao vento e derreter sob o sol?

E o que é cessar de respirar senão liberar a respiração de suas marés inquietas, para que se eleve e se expanda e busque a Deus livre de fardos?

Apenas quando beberdes do rio do silêncio podereis cantar.

E quando haverdes alcançado o cume da montanha, então poderás começar a escalar.

E quando a terra exigir vossos membros, então podereis verdadeiramente dançar.

E agora era tarde.

E Almitra, a vidente, disse: Bendito seja este dia e este lugar e teu espírito que falou.

E ele respondeu:

Fui eu quem falou? Não fui também um ouvinte?

Então ele desceu os degraus do Templo e todo o povo o seguiu. E ele alcançou sua embarcação e subiu no convés.

E voltando-se para o povo novamente, ele ergueu sua voz e disse:

Povo de Orphalese, o vento me convida a deixar-vos.

Tenho menos pressa que o vento, ainda assim, devo ir.

Nós, vagantes, sempre buscando o caminho mais solitário, não começamos nenhum dia onde terminamos o outro; e nenhum nascer do sol nos encontra onde o pôr do sol nos deixou. Mesmo enquanto a terra dorme, nós viajamos.

Somos as sementes da planta tenaz, e é em nossa madurez e nossa plenitude de coração que somos lançados ao vento e espalhados.

Breves foram meus dias entre vós, e ainda mais breves as palavras que falei.

Mas, se minha voz deve enfraquecer em vossos ouvidos, e meu amor desaparecer de vossa memória, então eu retornarei,

E com um coração mais rico e lábios mais generosos, eu falarei ao espírito.

Sim, eu voltarei com a maré,

E ainda que a morte possa ocultar-me, e o grão-silêncio engolfar-me, ainda assim eu buscarei vosso entendimento.

E não buscarei em vão.

Se algo do que eu disse é verdade, essa verdade se revelará em voz mais clara, e em palavras mais próximas de vossos pensamentos.

Eu vou com o vento, povo de Orphalese, não para as profundezas do vazio; E se este dia não é a completude de vossas necessidades e de meu amor, então que seja a promessa para outro dia.

As necessidades do homem mudam, mas não seu amor, nem seu desejo de que o amor satisfaça suas necessidades.

Sabei, portanto, que do grão-silêncio eu voltarei.

A névoa que se dissipa no alvorecer, deixando apenas o orvalho sobre os campos, há de erguer-se e concentrar-se em uma nuvem, para depois cair na forma de chuva.

O PROFETA

Semelhante à névoa eu fui.

No silêncio da noite caminhei por vossas ruas, e meu espírito adentrou vossas casas,

E as batidas de vossos corações estavam em meu coração, e vosso sopro estava sobre minha face, e eu conhecia a vós todos.

Sim, eu conhecia vossa alegria e vossa dor, e, em vosso sono, vossos sonhos foram meus sonhos.

E amiúde fui um lago entre montanhas.

Espelhei os cumes em vós, e as escarpas íngremes, e mesmo o rebanho passante de vossos pensamentos e vossos desejos.

E ao meu silêncio veio o riso de vossos filhos em afluentes, e a saudade de vossos jovens em rios.

E, quando chegaram a minhas profundezas, os afluentes e os rios não cessaram ainda de cantar.

O PROFETA

Porém, mais doce do que o riso e maior que a saudade veio a mim.

Era a infinitude em vós;

O homem vasto no qual sois todos apenas células e tendões;

Aquele em cujo canto vosso cantar é apenas um latejar insonoro.

É no homem vasto que sois vastos,

E foi ao encará-lo que encarei a vós e amei a vós.

Pois que distâncias o amor pode alcançar que não estejam nessa vasta esfera?

Que visões, que expectativas e que presunções podem voar mais alto que esse voo?

Como um salgueiro gigante coberto de flores de macieira, assim é o homem vasto para vós. Seu poder vos ata à terra, sua fragrância vos elava ao espaço, e, em sua durabilidade, sois imortais.

Foi-vos dito que, como a corrente, sois tão fracos quanto vosso elo mais fraco.

Mas essa é uma meia-verdade. Sois também tão fortes quanto vosso elo mais forte.

Medir-vos por vosso menor feito é considerar o poder do oceano pela fragilidade de sua escuma.

Julgar-vos por vossas falhas é culpar as estações por sua inconstância.

Sim, sois como um oceano,

E ainda que embarcações carregadas esperem a maré em vossas praias, ainda assim, como um oceano, não podeis apressar vossas marés.

E também sois como as estações,

O PROFETA

E ainda que, em vosso inverno, negueis vossa primavera,

Ainda assim, a primavera, repousando dentro de vós, sorri em sua sonolência e não se ofende. Não penseis que digo essas coisas para que digais uns aos outros: "Ele nos elogiava bem. Via apenas o bem em nós."

Apenas falo a vós em palavras aquilo que já sabeis em vossos próprios pensamentos.

E o que é o conhecimento das palavras senão uma sombra do conhecimento inefável?

Vossos pensamentos e minhas palavras são ondas de uma memória lacrada que mantém o registro de cada ontem,

E de dias antigos, quando a terra não nos conhecia, nem a si mesma,

E de noites em que a terra estava envolta em confusão.

Homens sábios vieram para dar-vos de sua sabedoria. Eu vim para tomar de vossa sabedoria;

E eis que encontrei aquilo que é maior que a sabedoria.

É um espírito de fogo em vós, cada vez acumulando mais de si mesmo,

Enquanto vós, desatentos a sua expansão, lamentais o murchar de vossos dias. É a vida em busca de vida em corpos que temem o túmulo.

Não há túmulos aqui.

Essas montanhas e planícies são um berço e um pedra do caminho.

Quando passardes pelo campo onde deixastes vossos ancestrais, observai bem, e vereis a vós mesmos e a vossos filhos dançando de mãos dadas.

De fato, vós amiúde causais alegria sem saber.

Outros vieram a vós, a quem, em troca de promessas áureas feitas a vossa fé, destes apenas riquezas e poder e glória.

Menos que uma promessa eu fiz, e ainda mais generosos fostes comigo.

Destes a mim uma sede mais profunda pela vida.

Certamente não há dom maior para um homem que aquele que transforma todos os seus objetivos em lábios sedentos e toda vida em uma fonte.

O PROFETA

E nisso jaz minha honra e minha recompensa,

Que, quando eu vier beber à fonte, encontre a água viva, ela mesma, sedenta;

E ela me beberá enquanto eu a beber.

Alguns de vós me considerastes orgulhoso e tímido demais para receber presentes.

Orgulhoso demais eu sou para receber pagas, mas não presentes.

E ainda que eu tenha comido pequenos frutos entre as colinas enquanto preferíeis ter-me junto a vós em vossa mesa,

E tenha dormido no pórtico do templo quando preferíeis ter-me abrigado,

Ainda assim, não foi vossa atenção amorosa em relação a meus dias e minhas noites que fez a comida doce para minha boca e protegeu meu sono com visões?

Por isso eu vos bendigo mais:

Vós me dais muito e não sabeis que dais tudo. De fato, a gentileza que mira a si mesma no espelho torna-se pedra,

E a boa ação que chama a si mesma pelo nome dá a luz à uma maldição.

E alguns de vós me chamaram de indiferente, e embriagado com minha própria solidão,

E vós dissestes: "Ele se reúne com as árvores da floresta, mas não com os homens.

Ele se senta sozinho no topo das colinas e olha nossa cidade de cima para baixo."

O PROFETA

A verdade é que subi as colinas e andei por lugares remotos.

Como eu poderia ter-vos visto senão de uma grande altura ou de uma grande distância?

Como alguém pode realmente estar perto, senão estando longe?

E outros dentre vós me chamaram, não em palavras, e disseram:

"Estrangeiro, estrangeiro, amante das alturas inalcançáveis, por que habitas os cumes onde as águias constroem seus ninhos? Por que buscas o inatingível?

Que tormentas pretendes prender em vossa rede,

E que nebulosas aves pretendes caçar no céu?

Vem ser um de nós.

Desce e satisfaze tua fome com nosso pão e mata tua sede com nosso vinho."

Na solitude de suas almas, eles disseram essas coisas;

Mas se sua solitude fosse mais profunda, eles saberiam que eu buscava apenas o segredo de vossa alegria e de vossa dor,

E cacei apenas vossos íntimos maiores que caminham pelos céus.

Mas o caçador foi também a caça;

Pois muitas de minhas flechas saíram de meu arco apenas para atingir meu próprio peito.

E o voador foi também um rastejador;

Pois quando minhas asas se abriram ao sol, sua sombra sobre a terra foi uma tartaruga.

E eu, o crente, também fui o cético; Pois amiúde pus o dedo em minha própria ferida para que eu tivesse uma crença maior em vós e um conhecimento maior de vós.

E é com esta crença e com este conhecimento que digo:

Não estais enclausurados dentro de vossos corpos, nem confinados a casas ou campos.

Aquilo que sois habita acima das montanhas e perambula com o vento.

Não é algo que rasteja para o sol em busca de calor, nem cava buracos nas trevas em busca de segurança,

Mas algo de livre, um espírito que engloba a terra e move-se no éter.

Se essas são palavras vagas, não busqueis clarificá-las.

Vago e nebuloso é o começo de todas as coisas, mas não seu fim,

E eu de bom grado gostaria que vós vos lembrásseis de mim como um começo.

A vida, e tudo que vive, é concebido em névoa, não em cristal. E quem sabe um cristal é apenas névoa que decai?

Eu gostaria que vós vos lembrásseis disso ao lembra-vos de mim:

Aquilo que parece mais frágil e perplexo em vós é o que é mais forte e mais determinado.

O PROFETA

Não foi vosso sopro que erigiu e endureceu a estrutura de vossos ossos?

E não é um sonho que nenhum de vós se recorda de ter sonhado que construiu vossa cidade e fez tudo que está nela?

Se pudésseis ver apenas as marés desse sopro, deixaríeis de ver todo o resto,

E, se pudésseis ouvir o murmúrio do sonho, não ouviríeis nenhum outro som.

Mas vós não vedes, nem ouvis, e está bem.

O véu que obnubila vossos olhos será erguido pelas mãos que o teceram,

E a argila que tapa vossos ouvidos será furada pelos dedos que a moldaram. E vós vereis.

E vós ouvireis.

Ainda assim, não lamentareis haverdes conhecido a cegueira, nem vos arrependereis de haverdes sido surdos.

Pois, nesse dia, sabereis os propósitos ocultos em todas as coisas,

E bendireis as trevas assim como bendiríeis a luz.

Depois de dizer essas coisas, ele olhou ao seu redor, e viu o piloto de sua embarcação parado diante do timão e olhando ora para as velas cheias, ora para a distância.

E ele disse:

Paciente, deveras paciente é o capitão de minha embarcação.

O vento sopra, e as velas estão inquietas;

O próprio leme implora por direcionamento;

Ainda assim, meu capitão espera por meu silêncio.

E esses marinheiros, que ouviram o coro do grande mar, também me ouviram pacientemente. Agora eles não esperarão mais.

Estou pronto.

O riacho chegou ao mar, e mais uma vez a grande mãe segura seu filho contra seu peito.

Adeus, povo de Orphalese.

Este dia se findou.

Ele se fecha sobre nós como o nenúfar sobre seu amanhã.

O que nos foi dado aqui, guardaremos,

E se não bastar, então devemos nos reunir novamente e, reunidos, estender nossas mãos àquele que doa.

Não vos esqueceis de que retornarei a vós.

Em breve, e minha saudade juntará poeira e escuma de outro corpo.

Em breve, um momento de descanso sobre o vento, e outra mulher me dará à luz.

Adeus a vós e à juventude que passei convosco.

Foi apenas ontem que nos encontramos em sonho. Cantastes para minha em minha solidão, e, de vossa saudade, eu construí uma torre nos céus.

Mas agora nosso sono escapou e nosso sonho acabou, não é mais alvorecer.

A hora do meio-dia está sobre nós e nossa semivigília tornou-se um dia mais pleno, e devemos nos separar.

O PROFETA

Se no crepúsculo da memória nos encontrarmos de novo, falaremos novamente, e vós cantareis para mim uma canção mais profunda.

E se nossas mãos se encontrarem em outro sonho, construiremos outra torre nos céus.

Ao dizer isso, fez um gesto para os marinheiros e imediatamente eles suspenderam a âncora e soltaram a embarcação de suas amarrações, e moveram-se em direção ao leste.

E um grito saiu do povo como de um único coração, e ele ergueu-se em direção ao entardecer e foi levado por sobre o mar como o potente soar de trombetas.

Apenas Almitra estava em silêncio, olhando a embarcação até que tivesse desaparecido na névoa.

E, quando todos as pessoas se dispersaram, ela ainda permaneceu na muralha do mar, lembrando-se, em seu coração, do que ele dissera,

"Em breve, um momento de descanso sobre o vento, e outra mulher me dará à luz."

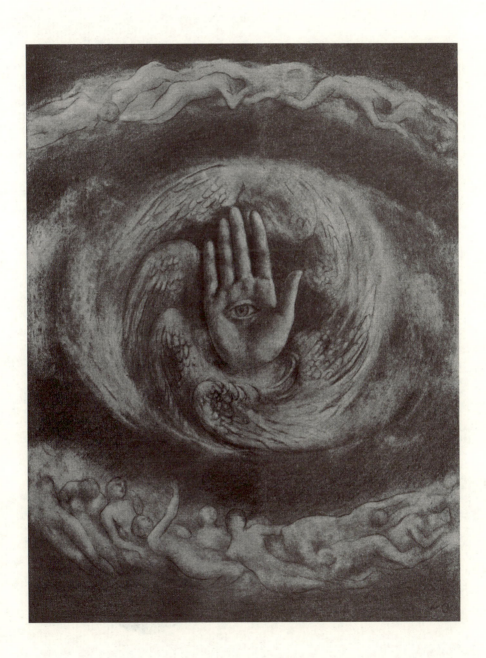

SIGA NAS REDES SOCIAIS:

 @EDITORAEXCELSIOR

 @EDITORAEXCELSIOR

 @EDEXCELSIOR

 @EDITORAEXCELSIOR

EDITORAEXCELSIOR.COM.BR